大方廣佛華嚴經 讀誦

40

🪷 일러두기

1. 『독송본 한문·한글역 대방광불화엄경』은 실차난타가 한역(695~699)한 80권 『대방광불화엄경』의 한문 원문과 한글역을 함께 수록한 것이다. 한문에는 음사와 현토를 부기하였다.

2. 원문의 저본은 고종 2년(1865) 월정사에서 인경한 고려대장경 『대방광불화엄경』에 한암 스님이 현토(1949년)한 것을 범룡 스님이 영인 출판(1990년)한 『대방광불화엄경』이다.

3. 한문은 저본에서 누락되었거나 글자가 다르다고 판단된 부분은 저본인 고려대장경 각권의 말미에 교감되어 있는 내용을 중심으로 하고 봉은사판 『대방광불화엄경수소연의초』와 신수대장경 각주에서 밝힌 교감본을 참조하여 보입하고 수정하였다.

4. 한글 번역은 동국역경원에서 발간한 한글 『대방광불화엄경』(운허)을 중심으로 하고 『신화엄경합론』(탄허)과 『대방광불화엄경 강설』(여천무비) 그리고 최근의 여타 번역본 등을 참조하였다.

5. 저본의 원문에서 이체자의 경우 훈글이 제공하는 이체자는 그대로 살리고 훈글이 제공하지 않는 글자는 통용되는 정자로 바꾸었다. 예) 閒 → 閗 / 焔 → 燄 / 宫 → 宮 / 偁 → 稱

6. 한글 번역은 독송과 사경을 위하여 정확성과 아울러 가독성을 고려하였다. 극존칭은 부처님과 불경계에 대해서만 사용하였다.

7. 독송본의 차례는 일러두기 → 본문 → 화엄경 목차 → 간행사의 순차이다.
   (법공양판에는 간행사 다음에 간행불사 동참자를 밝혀 두었다.)

8. 독송본의 한글역은 사경의 편의를 도모하기 위해 그 편집을 달리하여 『사경본 한글역 대방광불화엄경』으로 함께 간행한다. 독송본과 사경본 모두 80권 『대방광불화엄경』의 권별 목차 순으로 간행한다.

독송본 한문·한글역

대방광불화엄경 제40권

大方廣佛華嚴經 卷第四十

27. 십정품 [1]

十定品 第二十七之一

실차난타 한역
수미해주 한글역

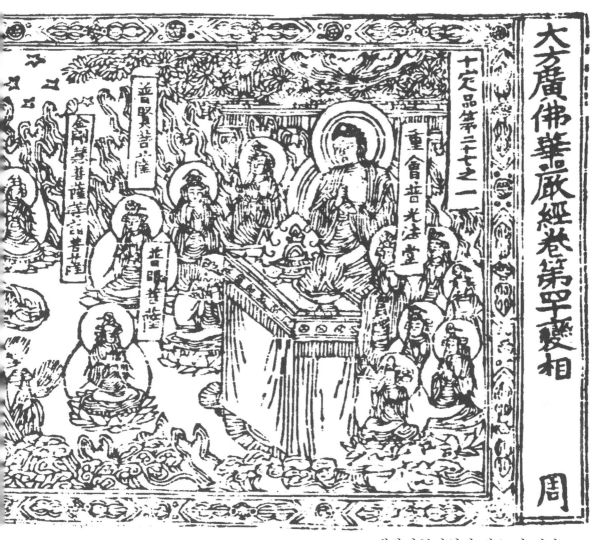

대방광불화엄경 제40권 변상도

대방광불화엄경

제40권

27. 십정품 [1]

대방광불화엄경 권제사십
大方廣佛華嚴經　卷第四十

십정품　제이십칠지일
十定品　第二十七之一

이시　　세존　　재마갈제국아란야법보리장
爾時에 世尊이 在摩竭提國阿蘭若法菩提場

중　　시성정각　　어보광명전　　입찰나제
中하사 始成正覺하사 於普光明殿에 入刹那際

제불삼매
諸佛三昧하시니라

이일체지자신통력　　현여래신　　청정무
以一切智自神通力으로 現如來身하시니 淸淨無

대방광불화엄경 제40권

27. 십정품 [1]

그때에 세존께서 마갈제국의 아란야법 보리 도량에서 비로소 정각을 이루시고, 보광명전 에서 찰나제제불 삼매에 드시었다.

일체지 자체의 신통한 힘으로 여래의 몸을 나타내시니 청정하여 걸림이 없으며, 의지할 데가 없고 반연할 것이 없으며, 사마타에 머물

애　　　무소의지　　　무유반연　　　주사마타
礙하며 無所依止하며 無有攀緣하며 住奢摩他하야

최극적정　　　구대위덕　　　무소염착　　　능령
最極寂靜하며 具大威德하며 無所染著하며 能令

견자　　실득개오　　　수의출흥　　　불실어시
見者로 悉得開悟하며 隨宜出興하야 不失於時하며

항주일상　　　소위무상
恒住一相하니 所謂無相이러라

여십불찰미진수보살마하살　　　구　　　미불개
與十佛刹微塵數菩薩摩訶薩로 俱하사 靡不皆

입관정지위　　　구보살행　　　등우법계　　　무
入灌頂之位하며 具菩薩行하며 等于法界하며 無

량무변　　　획제보살　　　보견삼매　　　대비안
量無邊하며 獲諸菩薩의 普見三昧하며 大悲安

러 가장 지극히 적정하며, 큰 위덕을 갖추고 물들어 집착하는 바가 없으며, 능히 보는 자로 하여금 모두 깨달음을 얻게 하며, 마땅함을 따라 출현하여 시기를 잃지 아니하며, 항상 한 모양에 머무르시니 이른바 모양 없는 것이었다.

열 부처님 세계의 미세한 티끌 수의 보살마하살과 함께 계시었으니, 모두 관정의 지위에 들어가 보살의 행을 갖추지 아니함이 없었다. 법계와 평등하여 한량없고 가없으며, 모든 보살들의 널리 보는 삼매를 얻고, 대비로 일체

은일체중생
隱一切衆生하니라

신통자재　　동어여래　　지혜심입　　연진실
神通自在하야 同於如來하며 智慧深入하야 演眞實

의　　구일체지　　항복중마　　수입세간　　심항
義하며 具一切智하야 降伏衆魔하며 雖入世間이나 心恒

적정　　주어보살　　무주해탈
寂靜하며 住於菩薩의 無住解脫하시니라

기명왈금강혜보살　　무등혜보살　　의어혜보살
其名曰金剛慧菩薩과 無等慧菩薩과 義語慧菩薩과

최승혜보살　　상사혜보살　　나가혜보살　　성취혜
最勝慧菩薩과 常捨慧菩薩과 那伽慧菩薩과 成就慧

보살　　조순혜보살　　대력혜보살　　난사혜보살
菩薩과 調順慧菩薩과 大力慧菩薩과 難思慧菩薩이니라

중생을 안온케 하였다.

　신통이 자재하여 여래와 같으며, 지혜에 깊이 들어가 진실한 이치를 연설하며, 일체지를 갖추어 온갖 마군을 항복 받으며, 비록 세간에 들어갔으나 마음은 항상 적정하며, 보살의 머무름 없는 해탈에 머물렀다.

　그 이름은 금강혜 보살과 무등혜 보살과 의어혜 보살과 최승혜 보살과 상사혜 보살과 나가혜 보살과 성취혜 보살과 조순혜 보살과 대력혜 보살과 난사혜 보살이다.

　무애혜 보살과 증상혜 보살과 보공혜 보살과

무애혜보살　증상혜보살　보공혜보살　여리
無礙慧菩薩과　增上慧菩薩과　普供慧菩薩과　如理

혜보살　선교혜보살　법자재혜보살　법혜보
慧菩薩과　善巧慧菩薩과　法自在慧菩薩과　法慧菩

살　적정혜보살　허공혜보살　일상혜보살
薩과　寂靜慧菩薩과　虛空慧菩薩과　一相慧菩薩이니라

선혜보살　여환혜보살　광대혜보살　세력혜
善慧菩薩과　如幻慧菩薩과　廣大慧菩薩과　勢力慧

보살　세간혜보살　불지혜보살　진실혜보살
菩薩과　世間慧菩薩과　佛地慧菩薩과　眞實慧菩薩과

존승혜보살　지광혜보살　무변혜보살
尊勝慧菩薩과　智光慧菩薩과　無邊慧菩薩이니라

염장엄보살　달공제보살　성장엄보살　심심
念莊嚴菩薩과　達空際菩薩과　性莊嚴菩薩과　甚深

여리혜 보살과 선교혜 보살과 법자재혜 보살과 법혜 보살과 적정혜 보살과 허공혜 보살과 일상혜 보살이다.

선혜 보살과 여환혜 보살과 광대혜 보살과 세력혜 보살과 세간혜 보살과 불지혜 보살과 진실혜 보살과 존승혜 보살과 지광혜 보살과 무변혜 보살이다.

염장엄 보살과 달공제 보살과 성장엄 보살과 심심경 보살과 선해처비처 보살과 대광명 보살과 상광명 보살과 요불종 보살과 심왕 보살과 일행 보살이다.

경보살　선해처비처보살　대광명보살　상광
境菩薩과　善解處非處菩薩과　大光明菩薩과　常光

명보살　요불종보살　심왕보살　일행보살
明菩薩과　了佛種菩薩과　心王菩薩과　一行菩薩이니라

상현신통보살　지혜아보살　공덕처보살　법
常現神通菩薩과　智慧芽菩薩과　功德處菩薩과　法

등보살　조세보살　지세보살　최안은보살
燈菩薩과　照世菩薩과　持世菩薩과　最安隱菩薩과

최상보살　무상보살　무비보살
最上菩薩과　無上菩薩과　無比菩薩이니라

초륜보살　무애행보살　광명염보살　월광보
超倫菩薩과　無礙行菩薩과　光明燄菩薩과　月光菩

살　일진보살　견고행보살　주법우보살　최
薩과　一塵菩薩과　堅固行菩薩과　霪法雨菩薩과　最

승당보살　보장엄보살　지안보살
勝幢菩薩과　普莊嚴菩薩과　智眼菩薩이니라

상현신통 보살과 지혜아 보살과 공덕처 보살과 법등 보살과 조세 보살과 지세 보살과 최안은 보살과 최상 보살과 무상 보살과 무비 보살이다.

초륜 보살과 무애행 보살과 광명염 보살과 월광 보살과 일진 보살과 견고행 보살과 주법우 보살과 최승당 보살과 보장엄 보살과 지안 보살이다.

법안 보살과 혜운 보살과 총지왕 보살과 무주원 보살과 지장 보살과 심왕 보살과 내각혜 보살과 주불지 보살과 다라니용건력 보살과 지지력 보살이다.

법안보살　혜운보살　총지왕보살　무주원보
法眼菩薩과　慧雲菩薩과　總持王菩薩과　無住願菩

살　지장보살　심왕보살　내각혜보살　주불
薩과　智藏菩薩과　心王菩薩과　內覺慧菩薩과　住佛

지보살　다라니용건력보살　지지력보살
智菩薩과　陀羅尼勇健力菩薩과　持地力菩薩이니라

묘월보살　수미정보살　보정보살　보광조보
妙月菩薩과　須彌頂菩薩과　寶頂菩薩과　普光照菩

살　위덕왕보살　지혜륜보살　대위덕보살
薩과　威德王菩薩과　智慧輪菩薩과　大威德菩薩과

대용상보살　질직행보살　불퇴전보살
大龍相菩薩과　質直行菩薩과　不退轉菩薩이니라

지법당보살　무망실보살　섭제취보살　부사의
持法幢菩薩과　無忘失菩薩과　攝諸趣菩薩과　不思議

결정혜보살　유희무변지보살　무진묘법장보살
決定慧菩薩과　遊戲無邊智菩薩과　無盡妙法藏菩薩과

묘월 보살과 수미정 보살과 보정 보살과 보광조 보살과 위덕왕 보살과 지혜륜 보살과 대위덕 보살과 대용상 보살과 질직행 보살과 불퇴전 보살이다.

지법당 보살과 무망실 보살과 섭제취 보살과 부사의결정혜 보살과 유희무변지 보살과 무진묘법장 보살과 지일 보살과 법일 보살과 지장 보살과 지택 보살이다.

보견 보살과 불공견 보살과 금강통 보살과 금강지 보살과 금강염 보살과 금강혜 보살과 보안 보살과 불일 보살과 지불금강비밀의 보살과 보안경계지장엄 보살이다.

지일보살 법일보살 지장보살 지택보살
智日菩薩과 法日菩薩과 智藏菩薩과 智澤菩薩이니라

보견보살 불공견보살 금강통보살 금강지
普見菩薩과 不空見菩薩과 金剛通菩薩과 金剛智

보살 금강염보살 금강혜보살 보안보살
菩薩과 金剛燄菩薩과 金剛慧菩薩과 普眼菩薩과

불일보살 지불금강비밀의보살 보안경계지
佛日菩薩과 持佛金剛祕密義菩薩과 普眼境界智

장엄보살
莊嚴菩薩이니라

여시등보살마하살 십불찰미진수 왕석
如是等菩薩摩訶薩이 十佛刹微塵數니 往昔에

개여비로자나여래 동수보살제선근행
皆與毗盧遮那如來로 同修菩薩諸善根行하시니라

이와 같은 등 보살마하살이 열 부처님 세계의 미세한 티끌 수이니, 지난 옛적에 모두 비로자나 여래와 함께 보살의 모든 선근의 행을 같이 닦았다.

이시 보안보살마하살 승불신력 종좌
爾時에 普眼菩薩摩訶薩이 承佛神力하사 從座

이기 편단우견 우슬착지 합장백불
而起하야 偏袒右肩하며 右膝著地하고 合掌白佛

언 세존 아어여래응정등각 욕유소
言하사대 世尊하 我於如來應正等覺에 欲有所

문 원수애허
問이로소니 願垂哀許하소서

불언 보안 자여소문 당위여설
佛言하사대 普眼아 恣汝所問하라 當爲汝說하야

영여심희
令汝心喜케호리라

보안보살 언 세존 보현보살 급주보
普眼菩薩이 言하사대 世尊하 普賢菩薩과 及住普

현소유행원제보살중 성취기하삼매해
賢所有行願諸菩薩衆이 成就幾何三昧解

그때에 보안 보살마하살이 부처님의 위신력을 받들어 자리에서 일어나 오른 어깨를 드러내고 오른 무릎을 땅에 대고 합장하여 부처님께 말씀드렸다. "세존이시여, 제가 여래 응정등각께 여쭈려 합니다. 원컨대 어여삐 여겨 허락하여 주십시오."

부처님께서 말씀하셨다. "보안이여, 그대 마음대로 묻도록 하라. 내가 마땅히 그대를 위해 설하여 그대의 마음을 기쁘게 해 주리라."

보안 보살이 말씀드렸다.

"세존이시여, 보현 보살과 보현이 지닌 행원에 머무르는 모든 보살 대중들이 얼마만큼 삼

탈   이어보살제대삼매   혹입혹출   혹시
脫하야 而於菩薩諸大三昧에 或入或出하고 或時

안주   이어보살불가사의광대삼매   선입
安住하며 以於菩薩不可思議廣大三昧에 善入

출고   능어일체삼매   자재   신통변화
出故로 能於一切三昧에 自在하야 神通變化가

무유휴식
無有休息이니잇고

불언   선재   보안   여위이익거래현재제
佛言하사대 善哉라 普眼아 汝爲利益去來現在諸

보살중   이문사의
菩薩衆하야 而問斯義로다

매의 해탈을 성취하여서, 보살의 모든 큰 삼매에 혹은 들어가고 혹은 나오며 혹은 때로 편안히 머무르기도 합니까? 보살의 불가사의한 넓고 큰 삼매에 잘 들어가고 나오는 까닭으로 능히 일체 삼매에 자재하며 신통 변화가 쉬지 않는 것입니까?"

부처님께서 말씀하셨다.

"훌륭하도다. 보안이여, 그대가 과거와 미래와 현재의 모든 보살 대중들을 이익케 하기 위하여 이런 이치를 묻는구나.

보안 　 보현보살 　 금현재차 　 이능성취불
普眼아 普賢菩薩이 今現在此하니 已能成就不

가사의자재신통 　 출과일체제보살상
可思議自在神通하야 出過一切諸菩薩上하야

난가치우 　 종어무량보살행생 　 보살대
難可値遇며 從於無量菩薩行生하야 菩薩大

원 　 실이청정 　 소행지행 　 개무퇴전
願이 悉已淸淨하며 所行之行이 皆無退轉하나라

무량바라밀문 　 무애다라니문 　 무진변재
無量波羅蜜門과 無礙陀羅尼門과 無盡辯才

문 　 개실이득청정무애 　 대비이익일체중
門이 皆悉已得淸淨無礙하며 大悲利益一切衆

생 　 이본원력 　 진미래제 　 이무염권
生호대 以本願力으로 盡未來際토록 而無厭倦하나니라

여응청피 　 피당위여 　 설기삼매자재해
汝應請彼하라 彼當爲汝하야 說其三昧自在解

보안이여, 보현 보살이 지금 여기에 있다. 이미 불가사의한 자재한 신통을 능히 성취하여 일체 모든 보살의 위를 벗어나서 만나기 어려우며, 한량없는 보살의 행으로부터 나와서 보살의 큰 원이 모두 이미 청정하며, 수행하는 행이 모두 물러남이 없다.

한량없는 바라밀문과 걸림 없는 다라니문과 다함없는 변재의 문을 모두 다 이미 얻어서 청정하여 걸림이 없으며, 대비로 일체 중생을 이익케 하되, 본래의 원력으로 미래제가 다하도록 싫어하거나 게으름이 없다.

그대는 응당 그에게 청하라. 그가 마땅히 그

탈
脫하리라

이시회중　　　제보살중　　　문보현명　　　즉시획
爾時會中에　**諸菩薩衆**이　**聞普賢名**하고　**即時獲**

득불가사의무량삼매
得不可思議無量三昧하나라

기심무애　　　적연부동　　　지혜광대　　　난가
其心無礙하야　**寂然不動**하며　**智慧廣大**하야　**難可**

측량　　　경계심심　　　무능여등
測量하며　**境界甚深**하야　**無能與等**하나라

현전실견무수제불　　　득여래력　　　동여래
現前悉見無數諸佛하며　**得如來力**하며　**同如來**

성　　　거래현재　　　미불명조　　　소유복덕　　　불
性하며　**去來現在**를　**靡不明照**하며　**所有福德**이　**不**

대를 위하여 그 삼매의 자재한 해탈을 설하리라."

그때에 모임 가운데 모든 보살 대중들이 보현의 이름을 듣고 곧바로 불가사의하고 한량없는 삼매를 얻었다.

그 마음이 걸림 없고 고요하여 움직이지 아니하며, 지혜가 광대하여 헤아리기 어렵고, 경계가 매우 깊어서 능히 더불어 같을 이가 없었다.

그 자리에서 수없는 모든 부처님을 다 친견하며 여래의 힘을 얻고 여래의 성품과 같으며, 과거와 미래와 현재를 밝게 비추지 않음이 없

가궁진　　일체신통　　개이구족
可窮盡하며 一切神通이 皆已具足이라

기제보살　　어보현소　　심생존중　　갈앙욕
其諸菩薩이 於普賢所에 心生尊重하야 渴仰欲

견　　실어중회　　주변관찰　　이경부도
見하야 悉於衆會에 周徧觀察호대 而竟不覩하고

역불견기소좌지좌
亦不見其所坐之座하니라

차유여래위력소지　　역시보현　　신통자재
此由如來威力所持며 亦是普賢의 神通自在로

사기연이
使其然耳니라

이시　　보안보살　　백불언　　세존　　보현보
爾時에 普眼菩薩이 白佛言하사대 世尊하 普賢菩

으며, 있는 바 복덕이 끝까지 다함이 없으며, 일체 신통을 모두 이미 구족하였다.

그 모든 보살들이 보현의 처소에서 존중하는 마음을 내어 우러르며 친견하고자 하여 모두 대중모임을 두루 관찰하였으나 끝내 보지 못하고 또한 그 앉은 자리도 보지 못하였다.

이것은 여래의 위신력으로 가지한 바이며, 또한 보현의 신통이 자재하여 그렇게 되었을 뿐이다.

그때에 보안 보살이 부처님께 여쭈었다. "세존이시여, 보현 보살이 지금 어디 있습니

살 금하소재
薩이 今何所在니잇고

불언 보안 보현보살 금현재차도량
佛言하사대 普眼아 普賢菩薩이 今現在此道場

중회 친근아주 초무동이
衆會하야 親近我住하야 初無動移니라

시시 보안 급제보살 부갱관찰도량중
是時에 普眼과 及諸菩薩이 復更觀察道場衆

회 주변구멱 백불언 세존 아등
會하야 周遍求覓하고 白佛言하사대 世尊하 我等이

금자 유미득견보현보살 기신급좌
今者에 猶未得見普賢菩薩의 其身及座로소이다

불언 여시 선남자 여등 하고 이부
佛言하사대 如是라 善男子야 汝等이 何故로 而不

득견 선남자 보현보살 주처심심 불
得見고 善男子야 普賢菩薩의 住處甚深하야 不

까?"

부처님께서 말씀하셨다. "보안이여, 보현 보살은 지금 이 도량에 모인 대중 가운데서 나에게 가까이 머물러 처음부터 이동하지 않았다."

이때에 보안과 모든 보살들이 또다시 도량에 모인 대중들을 관찰하면서 두루 찾다가 부처님께 여쭈었다. "세존이시여, 저희들이 지금도 오히려 보현 보살의 그 몸과 자리를 아직 보지 못하였습니다."

부처님께서 말씀하셨다.

"그러하다. 선남자들이여, 그대들이 무슨 까닭으로 보지 못하는가? 선남자들이여, 보현

13

가설고
可說故니라

보현보살   획무변지혜문   입사자분신
普賢菩薩이 獲無邊智慧門하야 入師子奮迅

정   득무상자재용   입청정무애제
定하며 得無上自在用하야 入淸淨無礙際하니라

생여래십종력   이법계장위신   일체여
生如來十種力하야 以法界藏爲身하며 一切如

래   공소호념   어일념경   실능증입삼세
來의 共所護念으로 於一念頃에 悉能證入三世

제불   무차별지   시고여등   불능견이
諸佛의 無差別智일새 是故汝等이 不能見耳니라

이시   보안보살   문여래   설보현보살   청
爾時에 普眼菩薩이 聞如來가 說普賢菩薩의 淸

보살의 머무르는 곳이 매우 깊어서 말할 수 없는 까닭이다.

보현 보살이 가없는 지혜의 문을 얻었고, 사자분신정에 들었으며, 위없는 자재한 작용을 얻어 청정하고 걸림 없는 경계에 들어갔다.

여래의 열 가지 힘을 내어 법계장으로 몸을 삼았으며, 일체 여래께서 함께 호념하시는 바로 한 생각 사이에 삼세 모든 부처님의 차별 없는 지혜를 모두 능히 증득하였다. 그러므로 그대들이 볼 수 없을 뿐이다."

그때에 보안 보살이 여래께서 보현 보살의 청

정공덕　　 득십천아승지삼매
淨功德하고 得十千阿僧祇三昧하시니라

이삼매력　　 부변관찰　　 갈앙욕견보현보
以三昧力으로 復徧觀察하야 渴仰欲見普賢菩

살　　 역불능도　　 기여일체제보살중　 구
薩호대 亦不能覩하며 其餘一切諸菩薩衆도 俱

역불견
亦不見이러니라

시　 보안보살　 종삼매기　　 백불언　　　 세
時에 普眼菩薩이 從三昧起하사 白佛言하사대 世

존　 아이입십천아승지삼매　　 구견보현
尊하 我已入十千阿僧祇三昧하야 求見普賢호대

이경부득　　 불견기신급신업　 어급어업
而竟不得하야 不見其身及身業과 語及語業과

의급의업　 좌급주처　 실개불견
意及意業하며 座及住處를 悉皆不見이로소이다

정한 공덕을 설하심을 듣고 십천 아승지 삼매를 얻었다.

삼매의 힘으로 다시 두루 관찰하고 우러르며 보현 보살을 보려 하였으나 또한 볼 수 없었고, 그 외의 일체 모든 보살 대중들도 모두 또한 보지 못하였다.

그때에 보안 보살이 삼매에서 일어나 부처님께 여쭈었다. "세존이시여, 제가 이미 십천 아승지 삼매에 들어가서 보현을 보려 하였으나 끝내 보지 못하였습니다. 그 몸과 몸의 업과, 말과 말의 업과, 뜻과 뜻의 업을 보지 못하였으며, 자리와 머무르는 곳을 모두 다 보지 못

불언
佛言하시니라

여시여시   선남자   당지   개이보현보
如是如是니라 善男子야 當知하라 皆以普賢菩

살   주부사의해탈지력
薩이 住不思議解脫之力이니라

보안   어여의운하   파유인   능설환술문자
普眼아 於汝意云何오 頗有人이 能說幻術文字

중종종환상   소주처부
中種種幻相의 所住處不아

답언   불야
答言하사대 不也니이다

불언   보안   환중환상   상불가설
佛言하사대 普眼아 幻中幻相도 尙不可說이어든

하황보현보살   비밀신경계   비밀어경계
何況普賢菩薩의 祕密身境界와 祕密語境界와

하였습니다."

부처님께서 말씀하셨다.

"그러하다. 그러하다. 선남자여, 마땅히 알아라. 모두 보현 보살이 부사의한 해탈에 머무른 힘이다.

보안이여, 그대의 생각은 어떠한가? 어떤 사람이 환술로 만든 문자 중의 갖가지 환의 모양이 머무른 곳을 말할 수 있겠는가?"

대답하여 말씀드렸다. "말할 수 없습니다."

부처님께서 말씀하셨다.

"보안이여, 환 중의 환의 모양도 오히려 말할 수 없는데, 어찌 하물며 보현 보살의 비밀한

비밀의경계　이어기중　능입능견
祕密意境界를 而於其中에 能入能見가

하이고　보현보살　경계심심　불가사의
何以故오 普賢菩薩의 境界甚深하야 不可思議며

무유량이과량
無有量已過量이니라

거요언지　보현보살　이금강혜　보입법
舉要言之컨댄 普賢菩薩이 以金剛慧로 普入法

계　어일체세계　무소행무소주　지일
界하야 於一切世界에 無所行無所住하며 知一

체중생신　개즉비신　무거무래　득무
切衆生身이 皆即非身하며 無去無來하며 得無

단진　무차별　자재신통　무의무작
斷盡하며 無差別하며 自在神通하며 無依無作하며

무유동전　지어법계구경변제
無有動轉하며 至於法界究竟邊際니라

몸의 경계와 비밀한 말의 경계와 비밀한 뜻의 경계 그 가운데 들어갈 수 있으며 볼 수 있겠는가?

무슨 까닭인가? 보현 보살의 경계는 매우 깊어서 불가사의하며, 한량이 없으며, 이미 한량을 초과하였다.

중요한 점을 들어 말한다면 보현 보살은 금강의 지혜로 법계에 널리 들어가서 일체 세계에 갈 곳도 없고 머무를 곳도 없으며, 일체 중생의 몸이 모두 곧 몸이 아님을 알며, 감도 없고 옴도 없으며, 끊어져 다함도 없으며, 차별도 없으며, 신통이 자재하며, 의지함도 없고

선남자　약유득견보현보살　　약득승사
善男子야 若有得見普賢菩薩이어나 若得承事어나

약득문명　　약유사유　　약유억념　　약
若得聞名이어나 若有思惟어나 若有憶念이어나 若

생신해　　약근관찰　　약시취향　　약정
生信解어나 若勤觀察이어나 若始趣向이어나 若正

구멱　　약흥서원　　상속부절　　개획이
求覓이어나 若興誓願하야 相續不絶이면 皆獲利

익　　무공과자
益하야 無空過者니라

이시　보안　급일체보살중　어보현보살
爾時에 普眼과 及一切菩薩衆이 於普賢菩薩에

심생갈앙　　원득첨근　　작여시언　　　나
心生渴仰하야 願得瞻覲하야 作如是言하사대 南

무일체제불　　나무보현보살　　여시삼
无一切諸佛하며 南无普賢菩薩이라하야 如是三

지음도 없으며, 옮겨감도 없으나, 법계 구경의

끝까지 이른다.

선남자여, 만약 어떤 이가 보현 보살을 보거

나, 받들어 섬기거나, 이름을 듣거나, 사유하

거나, 기억하거나, 믿고 이해하거나, 부지런히

관찰하거나, 비로소 향하여 나아가거나, 바르

게 찾아 구하거나, 서원을 일으켜 계속하여 끊

이지 않으면, 모두 이익을 얻게 되어 헛되이

지냄이 없을 것이다."

그때에 보안과 그리고 일체 보살 대중이 보현

보살에게 우러르는 마음을 내고 보기를 원하여

이와 같이 말하기를 "일체 모든 부처님께 귀의

칭　　　두정예경
稱하고 頭頂禮敬하나라

이시　　불　고보안보살　　급제중회언
爾時에 佛이 告普眼菩薩과 及諸衆會言하시나라

제불자　　여등　　의갱예경보현　　　은근구
諸佛子야 汝等은 宜更禮敬普賢하야 殷懃求

청
請하라

우응전지관찰시방　　　상보현신　　현재기
又應專至觀察十方하야 想普賢身이 現在其

전　　　여시사유　　주변법계　　심심신해
前하며 如是思惟호대 周徧法界하야 深心信解하야

염리일체　　서여보현　　동일행원　　입어
厭離一切하며 誓與普賢으로 同一行願하야 入於

합니다. 보현 보살에게 귀의합니다."라고 하며,

이와 같이 세 번 일컫고 머리 숙여 예경하였다.

그때에 부처님께서 보안 보살과 모든 모인 대

중들에게 말씀하셨다.

"모든 불자들이여, 그대들은 마땅히 다시 보

현 보살에게 예경하고 은근하게 구하고 청하

도록 하라.

또 응당 오로지 지성으로 시방을 관찰하고

보현의 몸이 그 앞에 나타나 있다고 생각하며,

이와 같이 사유하여 법계에 두루하되 깊은 마

음으로 믿고 이해하여 일체를 싫어하여 여의

불이진실지법　　기신　　보현일체세간
不二眞實之法하며 **其身**이 **普現一切世間**하야

실지중생　　제근차별　　변일체처　　　집보
悉知衆生의 **諸根差別**하며 **偏一切處**하야 **集普**

현도　　약능발기여시대원　　즉당득견보현
賢道니라 **若能發起如是大願**하면 **則當得見普賢**

보살
菩薩하리라

시시　　보안　　문불차어　　여제보살　　구시
是時에 **普眼**이 **聞佛此語**하고 **與諸菩薩**로 **俱時**

정례　　구청득견보현대사
頂禮하야 **求請得見普賢大士**하니라

이시　　보현보살　　즉이해탈신통지력　　여
爾時에 **普賢菩薩**이 **卽以解脫神通之力**으로 **如**

며, 맹세코 보현과 더불어 행원이 동일하여 둘이 아닌 진실한 법에 들어가며, 그 몸이 일체 세간에 널리 나타나서 중생들의 모든 근기의 차별을 다 알고, 일체 처에 두루하여 보현의 도를 모으도록 하라. 만약 이와 같은 대원을 능히 일으키면 곧 마땅히 보현 보살을 보게 되리라."

이때에 보안이 부처님의 이 말씀을 듣고 모든 보살들과 더불어 동시에 정례하고 보현 대사 보기를 구하고 청하였다.

그때에 보현 보살이 곧 해탈과 신통의 힘으

기소응　　위현색신　　영피일체제보살중
其所應하야 爲現色身하사 令彼一切諸菩薩衆으로

개견보현　친근여래　　어차일체보살중중
皆見普賢이 親近如來하야 於此一切菩薩衆中에

좌연화좌　　역견어여일체세계일체불소
坐蓮華座하며 亦見於餘一切世界一切佛所에

종피차제상속이래　　역견재피일체불소
從彼次第相續而來하며 亦見在彼一切佛所하야

연설일체제보살행　　개시일체지지지도
演說一切諸菩薩行하며 開示一切智智之道하며

천명일체보살신통　　분별일체보살위덕
闡明一切菩薩神通하며 分別一切菩薩威德하며

시현일체삼세제불
示現一切三世諸佛케하시니라

시시　　보안보살　　급일체보살중　　견차신
是時에 普眼菩薩과 及一切菩薩衆이 見此神

로 그 응할 바대로 색신을 나타내어 저 일체

모든 보살 대중들로 하여금 모두 보현이 여래

를 친근하여 이 일체 보살 대중 가운데서 연

화좌에 앉아있음을 보며, 또 다른 일체 세계

의 일체 부처님 처소에서 그로부터 차례로 계

속하여 오는 것을 보며, 또 저 일체 부처님 처

소에서 일체 모든 보살행을 연설하고 일체지

의 지혜의 도를 열어 보이고 일체 보살의 신통

을 드러내 밝히고 일체 보살의 위덕을 분별하

고 일체 삼세 모든 부처님을 나타내 보임을 보

게 하였다.

　이때에 보안 보살과 그리고 일체 보살 대중

변 　　기심용약 　　생대환희 　　막불정례보
變하고 **其心踊躍**하야 **生大歡喜**하사 **莫不頂禮普**

현보살 　　심생존중 　　여견시방일체제불
賢菩薩하야 **心生尊重**호대 **如見十方一切諸佛**이러라

시시 　　이불대위신력 　　급제보살신해지력
是時에 **以佛大威神力**과 **及諸菩薩信解之力**과

보현보살본원력고 　　자연이우십천종운
普賢菩薩本願力故로 **自然而雨十千種雲**하니라

소위종종화운 　　종종만운 　　종종향운 　　종종
所謂種種華雲과 **種種鬘雲**과 **種種香雲**과 **種種**

말향운 　　종종개운 　　종종의운 　　종종엄구운
末香雲과 **種種蓋雲**과 **種種衣雲**과 **種種嚴具雲**과

종종진보운 　　종종소향운 　　종종증채운
種種珍寶雲과 **種種燒香雲**과 **種種繪綵雲**이니라

불가설세계 　　육종진동 　　주천음악 　　기성
不可說世界가 **六種震動**하며 **奏天音樂**에 **其聲**이

이 이 신통 변화를 보고 그 마음이 기뻐 뛰며 크게 환희하여 보현 보살에게 정례하며 존중하는 마음을 내기를, 시방의 일체 모든 부처님을 친견하듯이 하였다.

이때에 부처님의 큰 위신력과, 모든 보살들의 믿고 이해하는 힘과, 보현 보살의 본원의 힘으로 자연히 십천 가지 구름을 비내렸다.

이른바 갖가지 꽃 구름과, 갖가지 화만 구름과, 갖가지 향 구름과, 갖가지 가루향 구름과, 갖가지 일산 구름과, 갖가지 옷 구름과, 갖가지 장엄구 구름과, 갖가지 보배 구름과, 갖가지 사르는 향 구름과, 갖가지 비단 구름이었다.

원문
遠聞하니라

불가설세계　　방대광명　　기광　　보조불가
不可說世界에 **放大光明**하니 **其光**이 **普照不可**

설세계　　　영삼악취　　실득제멸　　엄정불
說世界하야 **令三惡趣**로 **悉得除滅**하며 **嚴淨不**

가설세계　　　영불가설보살　　입보현행
可說世界하야 **令不可說菩薩**로 **入普賢行**하며

불가설보살　　성보현행　　불가설보살　어
不可說菩薩로 **成普賢行**하며 **不可說菩薩**로 **於**

보현행원　　실득원만　　성아뇩다라삼먁삼
普賢行願에 **悉得圓滿**하야 **成阿耨多羅三藐三**

보리
菩提케하시니라

이시　　보안보살　　백불언　　세존　보현보
爾時에 **普眼菩薩**이 **白佛言**하사대 **世尊**하 **普賢菩**

말할 수 없는 세계가 여섯 가지로 진동하며 하늘의 음악을 연주하니 그 소리가 멀리까지 들렸다.

말할 수 없는 세계에 큰 광명을 놓으니 그 광명이 말할 수 없는 세계를 널리 비추어 삼악취가 모두 멸하여 없어지게 하며, 말할 수 없는 세계를 깨끗이 장엄하며, 말할 수 없는 보살들이 보현의 행에 들어가며, 말할 수 없는 보살들이 보현의 행을 이루며, 말할 수 없는 보살들이 보현의 행원에 다 원만함을 얻어서 아뇩다라삼먁삼보리를 이루게 하였다.

그때에 보안 보살이 부처님께 여쭈었다.

살
薩은 是住大威德者며 住無等者며 住無過者며

주불퇴자 주평등자
住不退者며 住平等者니이다

주불괴자 주일체차별법자 주일체무차별
住不壞者며 住一切差別法者며 住一切無差別

법자 주일체중생선교심소주자 주일체법
法者며 住一切衆生善巧心所住者며 住一切法

자재해탈삼매자
自在解脫三昧者니이다

불언 여시여시 보안 여여소설
佛言하사대 如是如是니라 普眼아 如汝所說하야

보현보살 유아승지청정공덕
普賢菩薩이 有阿僧祇淸淨功德하니라

소위무등장엄공덕 무량보공덕 부사의
所謂無等莊嚴功德과 無量寶功德과 不思議

"세존이시여, 보현 보살은 큰 위덕에 머무른 자이며, 같음이 없음에 머무른 자이며, 지나갈 이 없음에 머무른 자이며, 물러나지 않음에 머무른 자이며, 평등함에 머무른 자입니다.

무너지지 않음에 머무른 자이며, 일체 차별한 법에 머무른 자이며, 일체 차별이 없는 법에 머무른 자이며, 일체 중생이 공교한 마음으로 머무르는 바에 머무른 자이며, 일체 법에 자재한 해탈과 삼매에 머무른 자입니다."

부처님께서 말씀하셨다.

"그러하다. 그러하다. 보안이여, 그대가 말한 바와 같이 보현 보살은 아승지의 청정한 공덕이 있다.

해공덕   무량상공덕   무변운공덕   무변제
海功德과 **無量相功德**과 **無邊雲功德**과 **無邊際**

불가칭찬공덕   무진법공덕   불가설공덕
不可稱讚功德과 **無盡法功德**과 **不可說功德**과

일체불공덕   칭양찬탄불가진공덕
一切佛功德과 **稱揚讚歎不可盡功德**이니라

이시   여래   고보현보살언
爾時에 **如來**가 **告普賢菩薩言**하시니라

보현   여응위보안   급차회중제보살중
普賢아 **汝應爲普眼**과 **及此會中諸菩薩衆**하야

설십대삼매   영득선입   성만보현   소
說十大三昧하야 **令得善入**하야 **成滿普賢**의 **所**

유 행 원
有行願하라

이른바 같음이 없는 장엄 공덕과, 한량없는 보배 공덕과, 부사의한 바다 공덕과, 한량없는 상호 공덕과, 가없는 구름 공덕과, 가없어서 칭찬할 수 없는 공덕과, 다함이 없는 법의 공덕과, 말할 수 없는 공덕과, 일체 부처님의 공덕과, 칭양과 찬탄으로 다할 수 없는 공덕이다."

그때에 여래께서 보현 보살에게 말씀하셨다. "보현이여, 그대는 응당 보안과 그리고 이 모임 가운데 모든 보살 대중들을 위하여 열 가지 큰 삼매를 설하여 잘 들어감을 얻어서 보현에게 있는 바 행원을 원만히 이루게 하도록 하라.

제보살마하살   설차십대삼매고   영과거
諸菩薩摩訶薩이 說此十大三昧故로 令過去

보살   이득출리   현재보살   금득출리
菩薩로 已得出離하며 現在菩薩로 今得出離하며

미래보살   당득출리
未來菩薩로 當得出離하나니라

하자   위십
何者가 爲十고

일자   보광대삼매   이자   묘광대삼매   삼
一者는 普光大三昧요 二者는 妙光大三昧요 三

자   차제변왕제불국토대삼매   사자   청정
者는 次第徧往諸佛國土大三昧요 四者는 清淨

심심행대삼매   오자   지과거장엄장대삼
深心行大三昧요 五者는 知過去莊嚴藏大三

매   육자   지광명장대삼매   칠자   요지일
昧요 六者는 智光明藏大三昧요 七者는 了知一

모든 보살마하살들이 이 열 가지 큰 삼매를 설하는 까닭으로 과거 보살들은 이미 벗어났고, 현재 보살들은 지금 벗어나며, 미래 보살들은 장차 벗어나게 한다.

무엇이 열인가?

하나는 넓은 광명 큰 삼매이다. 둘은 묘한 광명 큰 삼매이다. 셋은 차례로 모든 부처님 국토에 두루 가는 큰 삼매이다. 넷은 청정하고 깊은 마음으로 행하는 큰 삼매이다. 다섯은 과거의 장엄한 창고를 아는 큰 삼매이다.

여섯은 지혜 광명 창고의 큰 삼매이다. 일곱은 일체 세계의 부처님 장엄을 분명히 아는

체세계불장엄대삼매　　팔자　　중생차별신
切世界佛莊嚴大三昧요 八者는 衆生差別身

대삼매　　구자　　법계자재대삼매　　십자　무
大三昧요 九者는 法界自在大三昧요 十者는 無

애륜대삼매
礙輪大三昧라

차십대삼매　　제대보살　　내능선입　　거래
此十大三昧는 諸大菩薩이 乃能善入하며 去來

현재일체제불　　이설당설현설
現在一切諸佛이 已說當說現說이시니라

약제보살　　애락존중　　수습불해　　즉득
若諸菩薩이 愛樂尊重하야 修習不懈하면 則得

성취　　　여시지인　　즉명위불　　즉명여래
成就하리니 如是之人은 則名爲佛이며 則名如來며

큰 삼매이다. 여덟은 중생의 차별한 몸의 큰 삼매이다. 아홉은 법계에 자재하는 큰 삼매이다. 열은 걸림이 없는 바퀴의 큰 삼매이다.

이 열 가지 큰 삼매는 모든 큰 보살들이 능히 잘 들어갔으며, 과거와 미래와 현재의 일체 모든 부처님께서 이미 설하셨고, 장차 설하실 것이며, 지금 설하신다.

만약 모든 보살들이 좋아하고 존중하여 닦아 익히고 게으르지 아니하면 곧 성취하게 될 것이니, 이와 같은 사람을 곧 부처라 이름하며, 곧 여래라 이름하며, 또한 열 가지 힘을

역즉명위득십력인　　역명도사　　역명대도
亦則名爲得十力人이며 亦名導師며 亦名大導

사　　역명일체지　　역명일체견　　역명주무
師며 亦名一切智며 亦名一切見이며 亦名住無

애　　역명달제경　　역명일체법자재
礙며 亦名達諸境이며 亦名一切法自在니라

차보살　　보입일체세계　　이어세계　　무소
此菩薩이 普入一切世界호대 而於世界에 無所

착　　보입일체중생계　　이어중생　　무소
著하며 普入一切衆生界호대 而於衆生에 無所

취　　보입일체신　　이어신　　무소애　　보
取하며 普入一切身호대 而於身에 無所礙하며 普

입일체법계　　이지법계무유변
入一切法界호대 而知法界無有邊하니라

친근삼세일체불　　명견일체제불법　　교
親近三世一切佛하며 明見一切諸佛法하며 巧

얻은 사람이라 이름하며, 또한 도사라 이름하며, 또한 대도사라 이름하며, 또한 일체지라 이름하며, 또한 일체를 보는 이라 이름하며, 또한 걸림 없음에 머무른 이라 이름하며, 또한 모든 경계를 통달한 이라 이름하며, 또한 일체법에 자재한 이라 이름한다.

이 보살은 일체 세계에 널리 들어가되 세계에 집착하는 바가 없으며, 일체 중생계에 널리 들어가되 중생에게 취하는 바가 없으며, 일체 몸에 널리 들어가되 몸에 걸리는 바가 없으며, 일체 법계에 널리 들어가되 법계가 끝이 없음을 안다.

삼세의 일체 부처님을 친근하며, 일체 모든

설일체문자　　요달일체가명　　성취일체
說一切文字하며　了達一切假名하며　成就一切

보살청정도　　안주일체보살차별행
菩薩清淨道하며　安住一切菩薩差別行하니라

어일념중　　보득일체삼세지　　보지일체삼
於一念中에　普得一切三世智하며　普知一切三

세법　　보설일체제불교　　보전일체불퇴
世法하며　普說一切諸佛敎하며　普轉一切不退

륜　　어거래현재일일세　　보증일체보리
輪하며　於去來現在一一世에　普證一切菩提

도　　어차일일보리중　　보료일체불소설
道하며　於此一一菩提中에　普了一切佛所說하나니라

차시제보살법상문　　시제보살지각문
此是諸菩薩法相門이며　是諸菩薩智覺門이며

시일체종지무승당문　　시보현보살제행원
是一切種智無勝幢門이며　是普賢菩薩諸行願

부처님 법을 분명히 보며, 일체 문자를 교묘하게 말하며, 일체 거짓 이름을 밝게 통달하며, 일체 보살의 청정한 도를 성취하며, 일체 보살의 차별한 행에 편안히 머무른다.

한 생각 가운데 일체 삼세의 지혜를 널리 얻으며, 일체 삼세의 법을 널리 알며, 일체 모든 부처님의 가르침을 널리 설하며, 일체 물러나지 않는 바퀴를 널리 굴리며, 과거와 미래와 현재의 낱낱 세상에 일체 보리의 도를 널리 증득하며, 이 낱낱 보리 가운데 일체 부처님의 설하신 바를 널리 안다.

이것은 모든 보살들의 법상의 문이며, 모든

문　시맹리신통서원문
門이며 是猛利神通誓願門이니라

시일체총지변재문　시삼세제법차별문
是一切總持辯才門이며 是三世諸法差別門이며

시일체제불시현문　시이살바야　안립일
是一切諸佛示現門이며 是以薩婆若로 安立一

체중생문　시이불신력　엄정일체세계
切衆生門이며 是以佛神力으로 嚴淨一切世界

문
門이니라

약보살　입차삼매　득법계력　무유궁
若菩薩이 入此三昧하면 得法界力하야 無有窮

진　득허공행　무유장애　득법왕위
盡하며 得虛空行하야 無有障礙하며 得法王位하야

무량자재 비여세간 관정수직
無量自在가 譬如世間에 灌頂受職하니라

보살들의 지혜로 깨닫는 문이며, 일체종지의 이길 이 없는 당기의 문이며, 보현 보살의 모든 행원의 문이며, 용맹하고 날카로운 신통과 서원의 문이다.

일체를 다 지닌 변재의 문이며, 삼세 모든 법의 차별한 문이며, 일체 모든 부처님께서 나타내 보이시는 문이며, 살바야로 일체 중생을 안립하는 문이며, 부처님의 위신력으로 일체 세계를 청정하게 장엄하는 문이다.

만약 보살이 이 삼매에 들어가면 법계의 힘을 얻어 끝까지 다함이 없으며, 허공같이 행함을 얻어 장애가 없으며, 법왕의 지위를 얻어

득무변지　　　일체통달　　　득광대력　　　십종
得無邊智하야 **一切通達**하며 **得廣大力**하야 **十種**

원만　　　성무쟁심　　　입적멸제　　　대비무외
圓滿하며 **成無諍心**하야 **入寂滅際**하며 **大悲無畏**가

유여사자　　　위지혜장부　　　연정법명등
猶如師子하며 **爲智慧丈夫**하며 **然正法明燈**하며

일체공덕　　　탄불가진　　　성문독각　　　막능사
一切功德을 **歎不可盡**일새 **聲聞獨覺**이 **莫能思**

의
議하니라

득법계지　　　주무동제　　　이능수속　　　종종
得法界智하야 **住無動際**호대 **而能隨俗**하야 **種種**

개연　　　주어무상　　　선입법상　　　득자성청
開演하며 **住於無相**호대 **善入法相**하며 **得自性淸**

정장　　　생여래청정가　　　선개종종차별법
淨藏하야 **生如來淸淨家**하며 **善開種種差別法**

한량없이 자재함이 마치 세간에서 관정하여 직위를 받음과 같다.

가없는 지혜를 얻어 일체를 통달하며, 광대한 힘을 얻어 열 가지가 원만하며, 다툼이 없는 마음을 이루어 적멸한 경계에 들어가며, 대비로 두려움 없음이 마치 사자와 같으며, 지혜 있는 장부가 되어 바른 법의 밝은 등불을 켜며, 일체 공덕을 찬탄함이 다할 수 없으니, 성문과 독각은 능히 사의하지 못한다.

법계의 지혜를 얻어 흔들림이 없는 경계에 머무르되 능히 세속을 따라서 갖가지로 열어 펴며, 모양 없음에 머무르되 법의 모양에 잘

문　　이이지혜　요무소유
門호대 而以智慧로 了無所有하니라

선지어시　　상행법시　　개오일체　　명위
善知於時하야 常行法施하며 開悟一切일새 名爲

지자　보섭중생　　실령청정　　이방편지
智者며 普攝衆生하야 悉令淸淨하며 以方便智로

시성불도　　이상수행보살지행　　무유단
示成佛道호대 而常修行菩薩之行하야 無有斷

진　　입일체지방편경계　　시현종종광대
盡하며 入一切智方便境界하며 示現種種廣大

신통
神通하나니라

시고보현　여금응당분별광설일체보살
是故普賢아 汝今應當分別廣說一切菩薩의

십대삼매　금차중회　함개원문
十大三昧니 今此衆會가 咸皆願聞이니라

들어가며, 자성의 청정한 창고를 얻어 여래의 청정한 가문에 태어나며, 갖가지 차별한 법문을 잘 열되 지혜로써 있는 바가 없음을 안다.

시기를 잘 알아서 항상 법으로 보시함을 행하며, 일체를 깨우쳐서 지혜 있는 자라 이름하며, 중생들을 널리 거두어 모두 청정하게 하며, 방편의 지혜로 부처님의 도를 이룸을 보이되 항상 보살의 행을 닦아 행하여 끊어져 다함이 없으며, 일체지의 방편 경계에 들어가서 갖가지 광대한 신통을 나타내 보인다.

그러므로 보현이여, 그대는 이제 응당 일체 보살의 열 가지 큰 삼매를 분별해서 널리 설하

이시 　보현보살 　승여래지 　관보안등제
爾時에 普賢菩薩이 承如來旨하사 觀普眼等諸

보살중 　이고지언
菩薩衆하고 而告之言하시니라

불자 　운하위보살마하살 　보광명삼매
佛子야 云何爲菩薩摩訶薩의 普光明三昧오

불자 　차보살마하살 　유십종무진법
佛子야 此菩薩摩訶薩이 有十種無盡法하니라

하자 　위십
何者가 爲十고

소위제불출현지무진 　중생변화지무진
所謂諸佛出現智無盡과 衆生變化智無盡과

세계여영지무진 　심입법계지무진 　선섭
世界如影智無盡과 深入法界智無盡과 善攝

보살지무진
菩薩智無盡이니라

도록 하라. 지금 여기 모인 대중들이 모두 다 듣기를 원한다."

이때에 보현 보살이 여래의 뜻을 받들어 보안 등 모든 보살 대중들을 살펴보고 말하였다.

"불자들이여, 어떤 것을 보살마하살의 넓은 광명 삼매라 하는가?

불자들이여, 이 보살마하살이 열 가지 다함이 없는 법이 있다.

무엇이 열인가?

이른바 모든 부처님의 출현하시는 지혜가 다

보살불퇴지무진　　선관일체법의지무진
菩薩不退智無盡과 善觀一切法義智無盡과

선지심력지무진　　주광대보리심지무진
善持心力智無盡과 住廣大菩提心智無盡과

주일체불법일체지원력지무진
住一切佛法一切智願力智無盡이라

불자　시명보살마하살　십종무진법
佛子야 是名菩薩摩訶薩의 十種無盡法이니라

불자　차보살마하살　발십종무변심
佛子야 此菩薩摩訶薩이 發十種無邊心하나니라

하등　위십
何等이 爲十고

소위발도탈일체중생무변심　　발승사일체
所謂發度脫一切衆生無邊心과 發承事一切

함이 없고, 중생들의 변화하는 지혜가 다함이 없고, 세계를 그림자같이 여기는 지혜가 다함이 없고, 법계에 깊이 들어가는 지혜가 다함이 없고, 보살들을 잘 거두는 지혜가 다함이 없다.

보살의 물러나지 않는 지혜가 다함이 없고, 일체 법의 뜻을 잘 관찰하는 지혜가 다함이 없고, 마음의 힘을 잘 가지는 지혜가 다함이 없고, 광대한 보리심에 머무르는 지혜가 다함이 없고, 일체 불법과 일체 지혜와 원력에 머무르는 지혜가 다함이 없다.

불자들이여, 이것을 보살마하살의 열 가지 다함이 없는 법이라고 이름한다.

제불무변심　발공양일체제불무변심
諸佛無邊心과 發供養一切諸佛無邊心이니라

발보견일체제불무변심　발수지일체불법
發普見一切諸佛無邊心과 發受持一切佛法

불망실무변심　발시현일체불무량신변무
不忘失無邊心과 發示現一切佛無量神變無

변심
邊心이니라

발위득불력고　불사일체보리행무변심
發爲得佛力故로 不捨一切菩提行無邊心과

발보입일체지미세경계　설일체불법
發普入一切智微細境界하야 說一切佛法

무변심　발보입불부사의광대경계무변
無邊心과 發普入佛不思議廣大境界無邊

심
心이니라

불자들이여, 이 보살마하살은 열 가지 가없는 마음을 낸다.

무엇이 열인가?

이른바 일체 중생을 제도하여 해탈시키려는 가없는 마음을 내고, 일체 모든 부처님을 받들어 섬기려는 가없는 마음을 내고, 일체 모든 부처님께 공양올리려는 가없는 마음을 낸다.

일체 모든 부처님을 널리 친견하려는 가없는 마음을 내고, 일체 부처님의 법을 받아 지니어 잊지 않으려는 가없는 마음을 내고, 일체 부처님의 한량없는 신통 변화를 나타내 보이려는 가없는 마음을 낸다.

발어불변재　　기심지락　　영수제불법무변
發於佛辯才에 起深志樂하야 領受諸佛法無邊

심　　발시현종종자재신　　입일체여래도량
心과 發示現種種自在身하야 入一切如來道場

중회무변심　　시위십
衆會無邊心이니 是爲十이니라

불자　　차보살마하살　　유십종입삼매차별
佛子야 此菩薩摩訶薩이 有十種入三昧差別

지
智하니라

하자　　위십
何者가 爲十고

소위동방입정서방기　　서방입정동방기
所謂東方入定西方起와 西方入定東方起와

부처님의 힘을 얻기 위하여 일체 보리의 행을 버리지 않으려는 가없는 마음을 내고, 일체 지의 미세한 경계에 널리 들어가서 일체 부처님 법을 설하려는 가없는 마음을 내고, 부처님의 부사의하고 광대한 경계에 널리 들어가려는 가없는 마음을 낸다.

부처님의 변재에 깊이 좋아하는 마음을 일으켜 모든 부처님의 법을 받으려는 가없는 마음을 내고, 갖가지 자재한 몸을 나타내 보여 일체 여래 도량의 대중모임에 들어가려는 가없는 마음을 내는 것이니, 이것이 열이다.

남방입정북방기　북방입정남방기
南方入定北方起와　北方入定南方起니라

동북방입정서남방기　서남방입정동북방
東北方入定西南方起와　西南方入定東北方

기　서북방입정동남방기　동남방입정서
起와　西北方入定東南方起와　東南方入定西

북방기
北方起니라

하방입정상방기　상방입정하방기　시위
下方入定上方起와　上方入定下方起니　是爲

십
十이니라

불자　차보살마하살　유십종입대삼매선
佛子야　此菩薩摩訶薩이　有十種入大三昧善

불자들이여, 이 보살마하살이 열 가지의 삼매에 들어가는 차별한 지혜가 있다.

무엇이 열인가?

이른바 동방에서 정에 들어가 서방에서 일어나고, 서방에서 정에 들어가 동방에서 일어나고, 남방에서 정에 들어가 북방에서 일어나고, 북방에서 정에 들어가 남방에서 일어난다.

동북방에서 정에 들어가 서남방에서 일어나고, 서남방에서 정에 들어가 동북방에서 일어나고, 서북방에서 정에 들어가 동남방에서 일어나고, 동남방에서 정에 들어가 서북방에서 일어난다.

하방에서 정에 들어가 상방에서 일어나고,

교 지
巧智하니라

하자 위십
何者가 爲十고

불자 보살마하살 이삼천대천세계 위
佛子야 菩薩摩訶薩이 以三千大千世界로 爲

일연화 현신변차연화지상 결가부
一蓮華하야 現身徧此蓮華之上하야 結跏趺

좌 신중 부현삼천대천세계
坐어든 身中에 復現三千大千世界하니라

기중 유백억사천하 일일사천하 현
其中에 有百億四天下하고 一一四天下에 現

백억신 일일신 입백억백억삼천대천세
百億身하고 一一身이 入百億百億三千大千世

계 어피세계일일사천하 현백억백억보
界하며 於彼世界一一四天下에 現百億百億菩

상방에서 정에 들어가 하방에서 일어나니, 이것이 열이다.

불자들이여, 이 보살마하살이 열 가지의 큰 삼매에 들어가는 선교 지혜가 있다.

무엇이 열인가?

불자들이여, 보살마하살이 삼천대천세계로 한 연꽃을 삼고, 이 연꽃 위에 두루 몸을 나타내어 결가부좌하며, 몸속에 다시 삼천대천세계를 나타낸다.

그 가운데 백억 사천하가 있고, 낱낱 사천하에 백억의 몸을 나타내고, 낱낱 몸이 백억씩

살 수 행
薩修行하니라

일일보살수행　생백억백억결정해　　일일
一一菩薩修行에 **生百億百億決定解**하며 **一一**

결정해　영백억백억근성원만　일일근성
決定解에 **令百億百億根性圓滿**하며 **一一根性**에

성백억백억보살법불퇴업
成百億百億菩薩法不退業하나니라

연소현신　비일비다　입정출정　무소착
然所現身이 **非一非多**며 **入定出定**도 **無所錯**

란
亂이니라

불자　여라후아수라왕　본신장　칠백유
佛子야 **如羅睺阿脩羅王**의 **本身長**이 **七百由**

순　　화형장십육만팔천유순　어대해중
旬이어든 **化形長十六萬八千由旬**하야 **於大海中**에

백억의 삼천대천세계에 들어가며, 저 세계의 낱낱 사천하에서 백억씩 백억의 보살이 수행함을 나타낸다.

낱낱 보살의 수행에 백억씩 백억의 결정한 이해를 내며, 낱낱 결정한 이해에 백억씩 백억의 근성을 원만하게 하며, 낱낱 근성에 백억씩 백억의 보살의 법에서 물러나지 않는 업을 이루게 한다.

그러나 나타내는 몸은 하나도 아니고 여럿도 아니며, 정에 들고 정에서 나오는 것도 어수선함이 없다.

불자들이여, 라후 아수라왕의 본래 몸의 길

출기반신　　여수미산　　이정제등
出其半身하야 與須彌山으로 而正齊等하나니라

불자　피아수라왕　　수화기신장십육만
佛子야 彼阿脩羅王이 雖化其身長十六萬

팔천유순　　연역불괴본신지상　　제온계
八千由旬이나 然亦不壞本身之相하고 諸蘊界

처　실개여본　　심불착란
處가 悉皆如本하야 心不錯亂하나라

불어변화신　　이작타상　　어기본신　생비
不於變化身에 而作他想하고 於其本身에 生非

기상　　본수생신　항수제락　　화신　상현
己想하며 本受生身에 恒受諸樂하고 化身도 常現

종종자재신통위력
種種自在神通威力하나니라

불자　아수라왕　유탐에치　　구족교만
佛子야 阿脩羅王이 有貪恚癡하야 具足憍慢호대

이가 칠백 유순인데 변화한 형상의 길이는 십육만 팔천 유순이니, 큰 바다 속에서 그 몸의 반만 드러내도 수미산 높이와 같다.

불자들이여, 저 아수라왕이 비록 그 몸을 변화하여 길이가 십육만 팔천 유순이 되었지만, 그러나 또한 본래 몸의 모습을 무너뜨리지 않고 모든 온과 계와 처도 모두 다 본래와 같아서 마음이 어수선하지 않다.

변화한 몸에 대하여 다른 이라는 생각을 내지 않고, 그 본래 몸에 대하여 자기가 아니라는 생각도 내지 않으며, 본래 태어난 몸은 항상 모든 즐거움을 받고, 변화한 몸은

상능여시변현기신　하황보살마하살
尙能如是變現其身이어든 何況菩薩摩訶薩이

능심요달심법여환　일체세간　개실여몽
能深了達心法如幻하며 一切世間이 皆悉如夢하며

일체제불　출흥어세　개여영상　일체세
一切諸佛의 出興於世가 皆如影像하며 一切世

계　유여변화　언어음성　실개여향　견
界가 猶如變化하며 言語音聲이 悉皆如響하고 見

여실법　이여실법　이위기신　지일체
如實法하야 以如實法으로 而爲其身하며 知一切

법　본성청정　요지신심　무유실체　기
法의 本性淸淨하며 了知身心의 無有實體하며 其

신　보주무량경계　이불지혜광대광명
身이 普住無量境界하며 以佛智慧廣大光明으로

정수일체보리지행
淨修一切菩提之行가

항상 갖가지 자재한 신통과 위력을 나타낸다.

불자들이여, 아수라왕은 탐욕과 성냄과 어리석음이 있고 교만을 갖추고도 오히려 능히 이와 같이 그 몸을 변화하여 나타내는데, 어찌하물며 보살마하살이 마음의 법이 환과 같고 일체 세간이 모두 다 꿈과 같고 일체 모든 부처님께서 세상에 출현하심이 다 영상과 같고 일체 세계가 마치 변화한 것과 같고 언어와 음성이 모두 다 메아리와 같음을 능히 깊이 요달하며, 여실한 법을 보고 여실한 법으로 그 몸을 삼으며, 일체 법의 본성이 청정함을 알

불자　보살마하살　주차삼매　초과세간
佛子야 菩薩摩訶薩이 住此三昧에 超過世間하고

원리세간　　무능혹란　　무능영탈
遠離世間하야 無能惑亂하며 無能映奪하나니라

불자　비여비구　관찰내신　　주부정관
佛子야 譬如比丘가 觀察內身하야 住不淨觀에

심견기신　개시부정　　　보살마하살　역
審見其身이 皆是不淨인달하야 菩薩摩訶薩도 亦

부여시　　주차삼매　　관찰법신　견제세
復如是하야 住此三昧하야 觀察法身에 見諸世

간　보입기신　　어중　명견일체세간　급
間이 普入其身하야 於中에 明見一切世間과 及

세간법　　어제세간　급세간법　개무소
世間法호대 於諸世間과 及世間法에 皆無所

착
著하나니라

며, 몸과 마음이 실체가 없음을 분명히 알아서 그 몸이 한량없는 경계에 널리 머무르며, 부처님 지혜의 광대한 광명으로 일체 보리의 행을 청정하게 닦음이겠는가?

불자들이여, 보살마하살이 이 삼매에 머무름에 세간을 초월하고 세간을 멀리 떠나서, 미혹하여 어지럽게 할 수 없고 덮어 가릴 수도 없다.

불자들이여, 비유하면 비구가 몸속을 관찰하여 부정관에 머무르면 그 몸이 모두 깨끗하지 못함을 자세히 보게 됨과 같이, 보살마하

불자 시명보살마하살 제일보광명대삼
佛子야 是名菩薩摩訶薩의 第一普光明大三

매선교지
昧善巧智니라

살도 또한 다시 이와 같아서, 이 삼매에 머물러 법의 몸을 관찰함에 모든 세간이 그 몸에 널리 들어감을 보고, 그 가운데서 일체 세간과 세간의 법을 밝게 보되 모든 세간과 세간의 법에 다 집착하는 바가 없다.

불자들이여, 이것을 이름하여 보살마하살의 첫째 '넓은 광명 큰 삼매의 선교 지혜'라 한다.

불자　　운하위보살마하살　　묘광명삼매
佛子야 云何爲菩薩摩訶薩의 妙光明三昧오

불자　　차보살마하살　　능입삼천대천세계
佛子야 此菩薩摩訶薩이 能入三千大千世界

미진수삼천대천세계　　어일일세계　　현
微塵數三千大千世界하야 於一一世界에 現

삼천대천세계미진수신　　일일신　　방삼천
三千大千世界微塵數身하며 一一身에 放三千

대천세계미진수광　　일일광　　현삼천대천
大千世界微塵數光하며 一一光에 現三千大千

세계미진수색　　일일색　　조삼천대천세계
世界微塵數色하며 一一色에 照三千大千世界

미진수세계　　일일세계중　　조복삼천대천
微塵數世界하며 一一世界中에 調伏三千大千

세계미진수중생　　시제세계　　종종부동
世界微塵數衆生하니 是諸世界의 種種不同을

불자들이여, 어떤 것을 보살마하살의 묘한 광명 삼매라 하는가?

불자들이여, 이 보살마하살이 삼천대천세계 미진수의 삼천대천세계에 능히 들어가고, 낱낱 세계에서 삼천대천세계 미진수의 몸을 나타내고, 낱낱 몸에서 삼천대천세계 미진수의 광명을 놓고, 낱낱 광명에서 삼천대천세계 미진수의 색을 나타내고, 낱낱 색에서 삼천대천세계 미진수의 세계를 비추고, 낱낱 세계 가운데 삼천대천세계 미진수의 중생들을 조복한다. 이 모든 세계가 갖가지로 같지 않음을 보살이 모두 안다.

보살   실지
菩薩이 悉知하나니라

소위세계잡염   세계청정   세계소인   세계
所謂世界雜染과 世界淸淨과 世界所因과 世界

건립   세계동주   세계광색   세계내왕   여
建立과 世界同住와 世界光色과 世界來往의 如

시일체   보살   실지   보살   실입
是一切를 菩薩이 悉知하고 菩薩이 悉入하나라

시제세계   역실내입보살지신   연제세계
是諸世界도 亦悉來入菩薩之身호대 然諸世界가

무유잡란   종종제법   역불괴멸
無有雜亂하고 種種諸法도 亦不壞滅이니라

불자   비여일출   요수미산   조칠보산
佛子야 譬如日出에 遶須彌山하야 照七寶山하면

이른바 세계의 잡되고 물듦과, 세계의 청정과, 세계의 원인과, 세계의 건립과, 세계의 함께 머무름과, 세계의 빛과, 세계가 오고가는 이러한 일체를 보살이 다 알고 보살이 다 들어간다.

이 모든 세계도 또한 모두 보살의 몸에 들어온다. 그러나 모든 세계가 잡되거나 어지럽지 않고, 갖가지 모든 법도 또한 파괴되어 없어지지 아니한다.

불자들이여, 비유하면 해가 떠서 수미산을 돌아 칠보산을 비추면 그 일곱 보산과 보산 사이에 모두 빛 그림자가 있어서 분명하게 나

기칠보산　　급보산간　　개유광영　　분명현
其七寶山과　及寶山間에　皆有光影이　分明顯

현
現하나니라

기보산상　　소유일영　　막불현현산간영중
其寶山上에　所有日影이　莫不顯現山間影中하며

기칠산간　　소유일영　　역실현현산상영중
其七山間에　所有日影도　亦悉顯現山上影中하야

여시전전갱상영현
如是展轉更相影現이니라

혹설일영　　출칠보산　　혹설일영　　출칠산
或說日影이　出七寶山하고　或說日影이　出七山

간　　혹설일영　　입칠보산　　혹설일영　　입
間하며　或說日影이　入七寶山하고　或說日影이　入

칠산간
七山間이라하나니라

타남과 같다.

그 보산 위에 있는 해 그림자가 산 사이의 그림자 가운데 나타나지 않음이 없으며, 그 칠산 사이에 있는 해 그림자도 또한 모두 산 위의 그림자 가운데 나타난다. 이와 같이 서로서로 겹겹이 그림자가 나타난다.

혹은 해 그림자가 일곱 보산에서 나온다고 말하고, 혹은 해 그림자가 칠산 사이에서 나온다고 말하고, 혹은 해 그림자가 일곱 보산에 들어간다고 말하고, 혹은 해 그림자가 칠산 사이에 들어간다고 말한다.

단지 이 해 그림자는 다시 서로 비추고 나타

단차일영　갱상조현　무유변제　체성
但此日影이 更相照現하야 無有邊際언정 體性

비유　역부비무　부주어산　불리어산
非有며 亦復非無라 不住於山하고 不離於山하며

부주어수　역불리수
不住於水하고 亦不離水인달하니라

불자　보살마하살　역부여시　주차묘
佛子야 菩薩摩訶薩도 亦復如是하야 住此妙

광광대삼매　불괴세간안립지상　불멸
光廣大三昧에 不壞世間安立之相하고 不滅

세간제법자성　부주세계내　부주세계
世間諸法自性하며 不住世界內하고 不住世界

외
外하니라

내어 끝이 없다. 자체 성품은 있는 것도 아니고 또한 다시 없는 것도 아니다. 산에 머무르지도 않고 산을 떠나지도 않으며, 물에 머무르지도 않고 또한 물을 떠나지도 아니한다.

불자들이여, 보살마하살도 또한 다시 이와 같아서, 이 묘한 광명 넓고 큰 삼매에 머무르면 세간의 안립된 모습을 무너뜨리지도 않고, 세간의 모든 법의 자성을 없애지도 않으며, 세계의 안에 머무르지도 않고, 세계의 밖에 머무르지도 않는다.

모든 세계에 분별하는 바가 없되 또한 세계의 형상을 무너뜨리지도 않으며, 일체 법이 한

어제세계　　무소분별　　역불괴어세계지
於諸世界에 無所分別호대 亦不壞於世界之

상　　관일체법일상무상　　역불괴어제법
相하며 觀一切法一相無相호대 亦不壞於諸法

자성　　주진여성　　항불사리
自性하며 住眞如性하야 恒不捨離하나니라

불자　비여환사　선지환술　　주사구도
佛子야 譬如幻師가 善知幻術하야 住四衢道하야

작제환사
作諸幻事하니라

어일일중일수유경　혹현일일　　혹현일
於一日中一須臾頃에 或現一日하고 或現一

야　　혹부현작칠일칠야　반월일월　일년
夜하고 或復現作七日七夜와 半月一月과 一年

모양이어서 모양이 없음을 관하되 또한 모든 법의 자성을 무너뜨리지도 않으며, 진여의 성품에 머물러서 항상 버리고 여의지 않는다.

불자들이여, 비유하면 마술사가 환술을 잘 알아서 네거리 길에 머물러 모든 환의 일을 짓는 것과 같다.

하루 중에서 잠깐 동안에 혹 하루 낮을 나타내고 혹 하룻밤을 나타내기도 한다. 혹은 다시 칠일 낮과 칠일 밤과 반 달과 한 달과 일 년과 백 년을 나타낸다.

그 하고자 하는 바를 따라서 성읍과 마을과

백년
百年하니라

수기소욕　　개능시현성읍취락　천류하
隨其所欲하야 皆能示現城邑聚落과 泉流河

해　일월운우　　궁전옥택　　여시일체　미
海와 日月雲雨와 宮殿屋宅하야 如是一切를 靡

불구족
不具足하니라

불이시현경년세고　　괴기근본일일일시
不以示現經年歲故로 壞其根本一日一時하며

불이본시극단촉고　　괴기소현일월년세
不以本時極短促故로 壞其所現日月年歲하야

환상명현　　본일불멸
幻相明現하고 本日不滅인달하니라

보살마하살　역부여시　　입차묘광광대삼
菩薩摩訶薩도 亦復如是하야 入此妙光廣大三

샘과 냇물과 강과 바다와 해와 달과 구름과 비와 궁전과 가옥을 모두 능히 나타내 보여, 이와 같은 일체를 갖추지 못함이 없다.

나타내 보이는 것이 해를 지나는 까닭으로 그 근본인 하루 한때가 무너지지 아니하며, 본래의 시간이 지극히 짧은 까닭으로 그 나타나는 날과 달과 해가 무너지지 아니하여, 환의 모양이 분명히 나타나되 본래의 날이 없어지지 아니한다.

보살마하살도 또한 다시 이와 같아서 이 묘한 광명 넓고 큰 삼매에 들어서 아승지 세계가 한 세계에 들어감을 나타낸다.

매　현아승지세계　　입일세계
昧에 現阿僧祇世界하야 入一世界하니라

기아승지세계　　일일개유지수화풍　대해
其阿僧祇世界에 一一皆有地水火風과 大海

제산　성읍취락　원림옥택　천궁용궁　야
諸山과 城邑聚落과 園林屋宅과 天宮龍宮과 夜

차궁　건달바궁　아수라궁　가루라궁　긴
叉宮과 乾闥婆宮과 阿脩羅宮과 迦樓羅宮과 緊

나라궁　마후라가궁　　종종장엄　개실구
那羅宮과 摩睺羅伽宮하야 種種莊嚴이 皆悉具

족
足하니라

욕계색계무색계　소천세계　대천세계　업
欲界色界無色界와 小千世界와 大千世界에 業

행과보　사차생피　일체세간　소유시절
行果報로 死此生彼와 一切世間에 所有時節인

그 아승지 세계에 낱낱이 모두 땅과 물과 불과 바람과 큰 바다와 모든 산과 성읍과 마을과 동산과 숲과 가옥과 천궁과 용궁과 야차궁과 건달바궁과 아수라궁과 가루라궁과 긴나라궁과 마후라가궁이 있어 갖가지 장엄이 모두 다 구족하였다.

욕계와 색계와 무색계와 소천세계와 대천세계에 업과 행의 과보로 여기에서 죽어 저기에서 태어나며, 일체 세간에 있는 시절의 잠깐 동안과 낮과 밤과 반 달과 한 달과 한 해와 백 년과 이루어지는 겁과 무너지는 겁과, 잡되고 물든 국토와 청정한 국토와 광대한 국토와 협

수유주야   반월일월   일세백세   성겁괴
須臾晝夜와 半月一月과 一歲百歲와 成劫壞

겁   잡염국토   청정국토   광대국토   협소
劫과 雜染國土와 淸淨國土와 廣大國土와 狹小

국토   어중제불   출흥우세   불찰 청정
國土에 於中諸佛이 出興于世하사 佛刹淸淨하며

보살중회   주잡위요   신통자재   교화
菩薩衆會가 周币圍遶하며 神通自在하야 敎化

중생   기제국토   소재방처   무량인중
衆生하며 其諸國土의 所在方處에 無量人衆이

실개충만
悉皆充滿하니라

수형이취   종종중생   무량무변   불 가
殊形異趣의 種種衆生이 無量無邊하야 不可

사의   거래현재   청정업력   출생무량
思議며 去來現在의 淸淨業力으로 出生無量

소한 국토에, 그 가운데 모든 부처님께서 세상에 출현하시고 부처님 세계가 청정하며, 보살 대중모임이 두루 둘러싸며, 신통이 자재하여 중생을 교화하며, 그 모든 국토의 있는 바 방소에 한량없는 사람들이 모두 다 가득 찼다.

특수한 형상과 다른 갈래의 갖가지 중생들이 한량없고 가없어 불가사의하며, 과거와 미래와 현재의 청정한 업의 힘으로 한량없이 가장 미묘한 보배들을 출생하는, 이와 같은 등의 일을 모두 다 나타내 보여서 한 세계에 들어간다.

보살이 여기에서 널리 다 밝게 보며, 널리 들어가고 널리 살피며, 널리 생각하고 널리 깨달

상묘진보　　여시등사　　함실시현　　입일세
上妙珍寶하는 如是等事를 咸悉示現하야 入一世

계
界하니라

보살　　어차　　보개명견　　　보입보관　　　보사
菩薩이 於此에 普皆明見하며 普入普觀하며 普思

보료　　　이무진지　　개여실지　　　불이피세
普了하야 以無盡智로 皆如實知호대 不以彼世

계다고　　괴차일세계　　　불이차세계일고
界多故로 壞此一世界하며 不以此世界一故로

괴피다세계
壞彼多世界니라

하이고
何以故오

보살　　지일체법　　개무아고　　시명입무명법
菩薩이 知一切法이 皆無我故로 是名入無命法

아서, 다함없는 지혜로 모두 사실과 같이 알지만, 저 세계가 많은 까닭으로 이 한 세계를 파괴하지 아니하며, 이 세계가 하나인 까닭으로 저 많은 세계를 파괴하지도 아니한다.

무슨 까닭인가?

보살은 일체 법이 모두 '나'가 없음을 아는 까닭으로 이것을 이름하여 목숨이 없는 법과 지음이 없는 법에 들어간 자라 한다.

보살은 일체 세간에서 다툼이 없는 법을 부지런히 수행한 까닭으로 이것을 이름하여 '나'가 없는 법에 머무른 자라 하며, 보살은 일체 몸이 모두 연으로부터 일어남을 사실대로 보

무작법자
無作法者니라

보살　어일체세간　근수행무쟁법고　시명
菩薩이 於一切世閒에 勤修行無諍法故로 是名

주무아법자　보살　여실견일체신　개종연
住無我法者며 菩薩이 如實見一切身이 皆從緣

기고　시명주무중생법자
起故로 是名住無衆生法者니라

보살　지일체생멸법　개종인생고　시명주
菩薩이 知一切生滅法이 皆從因生故로 是名住

무보가라법자　보살　지제법　본성평등고
無補伽羅法者며 菩薩이 知諸法의 本性平等故로

시명주무의생무마납바법자
是名住無意生無摩納婆法者니라

보살　지일체법　본성적정고　시명주적정
菩薩이 知一切法의 本性寂靜故로 是名住寂靜

는 까닭으로 이것을 이름하여 중생이 없는 법에 머무른 자라 한다.

보살은 일체 생멸하는 법이 모두 인으로부터 생긴 것임을 아는 까닭으로 이것을 보가라가 없는 법에 머무른 자라 이름하며, 보살은 모든 법의 본성이 평등함을 아는 까닭으로 이것을 뜻대로 남이 없어 마납바가 없는 법에 머무른 자라 이름한다.

보살은 일체 법의 본성이 적정함을 아는 까닭으로 이것을 적정한 법에 머무른 자라 이름하며, 보살은 일체 법이 한 모양임을 아는 까닭으로 이것을 분별이 없는 법에 머무른 자라

법자　　보살　　지일체법　　일상고　　시명주무
法者며 菩薩이 知一切法의 一相故로 是名住無

분별법자
分別法者니라

보살　　지법계무유종종차별법고　　시명주
菩薩이 知法界無有種種差別法故로 是名住

부사의법자　　보살　　근수일체방편　　선조
不思議法者며 菩薩이 勤修一切方便하야 善調

복중생고　　시명주대비법자
伏衆生故로 是名住大悲法者니라

불자　　보살　　여시능이아승지세계　　입일세
佛子야 菩薩이 如是能以阿僧祇世界로 入一世

계　　지무수중생　　종종차별　　견무수보
界하야 知無數衆生의 種種差別하며 見無數菩

살　　각각발취　　관무수제불　　처처출흥
薩의 各各發趣하며 觀無數諸佛의 處處出興하며

이름한다.

보살은 법계에 갖가지 차별한 법이 없음을 아는 까닭으로 이것을 부사의한 법에 머무른 자라 이름하며, 보살은 일체 방편을 부지런히 닦아서 중생들을 잘 조복하는 까닭으로 이것을 대비의 법에 머무른 자라 이름한다.

불자들이여, 보살은 이와 같이 능히 아승지 세계를 한 세계에 들게 하여 수없는 중생들의 갖가지 차별을 알며, 수없는 보살들의 각각 나아감을 보며, 수없는 모든 부처님께서 곳곳에 출현하심을 관하여, 그 모든 여래께서 연설하신 바 법을 그 모든 보살들이 다 능히 받아들

피제여래　소연설법　기제보살　실능영
彼諸如來의 所演說法을 其諸菩薩이 悉能領

수　　역견자신　어중수행
受하며 亦見自身이 於中修行이니라

연　　불사차처　이견재피　　역불사피
然이나 不捨此處하고 而見在彼하며 亦不捨彼

처　　이견재차　피신차신　무유차별
處하고 而見在此하나니 彼身此身이 無有差別하야

입법계고　상근관찰　무유휴식　불사
入法界故며 常勤觀察하야 無有休息하야 不捨

지혜　　무퇴전고
智慧하야 無退轉故니라

여유환사　수어일처　작제환술　불이
如有幻師가 隨於一處하야 作諸幻術호대 不以

이고 또한 자신도 그 가운데서 수행함을 본다.

그러나 이곳을 버리지 아니하고 저기에 있음을 보며, 또한 저곳을 버리지 아니하고 여기에 있음을 본다. 저 몸과 이 몸이 차별이 없어 법계에 들어가는 까닭이며, 항상 부지런히 관찰하고 쉬지 아니하여 지혜를 버리지 않고 물러남이 없는 까닭이다.

마치 어떤 마술사가 한 곳에서 여러 가지 환술을 하되 환술로 만든 땅인 까닭으로 본래의 땅을 무너뜨리지 않으며, 환술로 만든 태양인 까닭으로 본래의 태양을 무너뜨리지 않음과 같다.

환지고   괴어본지   불이환일고   괴어본
幻地故로 壞於本地하며 不以幻日故로 壞於本

일
日인달하니라

보살마하살   역부여시   어무국토   현유국
菩薩摩訶薩도 亦復如是하야 於無國土에 現有國

토   어유국토   현무국토   어유중생   현
土하고 於有國土에 現無國土하며 於有衆生에 現

무중생   어무중생   현유중생   무색현
無衆生하고 於無衆生에 現有衆生하며 無色現

색   색현무색   초불란후   후불란초
色하고 色現無色호대 初不亂後하고 後不亂初하나니라

보살   요지일체세법   실역여시동어환화
菩薩이 了知一切世法이 悉亦如是同於幻化하야

지법환고   지지환   지지환고   지업환
知法幻故로 知智幻하며 知智幻故로 知業幻하며

보살마하살도 또한 다시 이와 같아서 국토가 없는 데서 국토가 있음을 나타내고, 국토가 있는 데서 국토가 없음을 나타내며, 중생이 있는 데서 중생이 없음을 나타내고, 중생이 없는 데서 중생이 있음을 나타내며, 색이 없는 데서 색을 나타내고, 색이 있는 데서 색이 없음을 나타내지만, 처음이 나중을 어지럽히지도 않고 나중이 처음을 어지럽히지도 않는다.

보살이 일체 세상 법을 분명히 아는 것도 모두 또한 이와 같아서 환화와 같다. 법이 환임을 아는 까닭으로 지혜가 환임을 알며, 지혜가 환임을 아는 까닭으로 업이 환임을 알며,

지지환업환이　　기어환지　　　관일체업
知智幻業幻已에 起於幻智하야 觀一切業이니라

여세환자　　불어처외　　이현기환　　역불어
如世幻者가 不於處外에 而現其幻하고 亦不於

환외　　이유기처　　　　보살마하살　　역부여
幻外에 而有其處인달하야 菩薩摩訶薩도 亦復如

시　　　불어허공외　　입세간　　　역불어세간
是하야 不於虛空外에 入世間하고 亦不於世間

외　입허공
外에 入虛空하나니라

하이고
何以故오

허공세간　　무차별고　　주어세간　　　역주허
虛空世間이 無差別故로 住於世間하고 亦住虛

공
空하나니라

지혜가 환이고 업이 환임을 알고는, 환의 지혜를 일으켜서 일체 업을 관한다.

세상의 마술하는 자가 처소 밖에서 그 환술을 나타내지 않고 또한 환술 밖에 그 처소가 있지도 않듯이, 보살마하살도 또한 다시 이와 같아서, 허공 밖에서 세간에 들어오는 것도 아니고 세간 밖에서 허공에 들어가는 것도 아니다.

무슨 까닭인가?

허공과 세간이 차별이 없는 까닭으로 세간에 머무르면서 또한 허공에도 머무른다.

보살마하살이 허공 속에서 일체 세간의 갖가지 차별과 미묘한 장엄의 업을 능히 보고 능

보살마하살   어허공중   능견능수일체세
菩薩摩訶薩이 於虛空中에 能見能修一切世

간종종차별묘장엄업   어일념경   실능요
間種種差別妙莊嚴業하며 於一念頃에 悉能了

지무수세계   약성약괴   역지제겁   상속
知無數世界의 若成若壞하며 亦知諸劫의 相續

차제   능어일념   현무수겁   역불령기
次第하야 能於一念에 現無數劫호대 亦不令其

일념광대
一念廣大하나니라

보살마하살   득부사의해탈환지   도어피
菩薩摩訶薩이 得不思議解脫幻智하야 到於彼

안   주어환제   입세환수   사유제법
岸하며 住於幻際하야 入世幻數하야 思惟諸法이

실개여환   불위환세   진어환지   요지
悉皆如幻하며 不違幻世하고 盡於幻智하야 了知

히 닦는다. 한 생각 사이에 수없는 세계가 이루어지고 무너짐을 모두 능히 분명히 알며, 또한 모든 겁이 서로 계속되는 차례도 알며, 능히 한 생각에 수없는 겁을 나타내되 또한 그 한 생각을 넓고 크게 한 것도 아니다.

보살마하살이 부사의한 해탈의 환과 같은 지혜를 얻어서 피안에 이르며, 환의 경계에 머물러서 세상의 환의 수에 들어가며, 모든 법이 모두 다 환과 같음을 사유하여 환인 세상을 어기지 아니하며, 환의 지혜를 다하여 삼세가 환과 더불어 다름이 없음을 분명히 알며, 결정코 통달하여 마음에 끝이 없다.

삼세　여환무별　결정통달　심무변제
三世가 與幻無別하며 決定通達하야 心無邊際니라

여제여래　주여환지　기심평등　　　보
如諸如來가 住如幻智하사 其心平等인달하야 菩

살마하살　역부여시　지제세간　개실여
薩摩訶薩도 亦復如是하야 知諸世間에 皆悉如

환　　어일체처　개무소착　무유아소
幻하야 於一切處에 皆無所著하야 無有我所니라

여피환사　작제환사　수불여피환사　동주
如彼幻師가 作諸幻事에 雖不與彼幻事로 同住나

이어환사　역무미혹
而於幻事에 亦無迷惑인달하니라

보살마하살　역부여시　지일체법　　도
菩薩摩訶薩도 亦復如是하야 知一切法하야 到

어피안　심불계아　능입어법　역불어
於彼岸이나 心不計我가 能入於法하며 亦不於

마치 모든 여래께서 환과 같은 지혜에 머물러 그 마음이 평등하듯이, 보살마하살도 또한 다시 이와 같아서, 모든 세간이 모두 다 환과 같음을 알아 일체 처에 다 집착할 것도 없고 '나의 것'도 없다.

저 마술사가 모든 환술의 일을 지음에 비록 그 환술의 일과 함께 머무르지 않으나 환술의 일에 또한 미혹하지도 않는 것과 같다.

보살마하살도 또한 다시 이와 같아서, 일체법을 알아서 피안에 이르나 마음은 내가 능히 법에 들어간다고 헤아리지도 아니하고, 또한 법에 어지럽지도 아니한다.

법 이유착란
法에 而有錯亂이니라

시위보살마하살 제이묘광명대삼매선교
是爲菩薩摩訶薩의 第二妙光明大三昧善巧

지
智니라

〈大方廣佛華嚴經 卷第四十〉

이것이 보살마하살의 둘째 '묘한 광명 큰 삼

매의 선교 지혜'이다."

〈대방광불화엄경 제40권〉

大方廣佛華嚴經 ── 부록

● 대방광불화엄경 목차

● 간행사

대방광불화엄경
목차

간 행 사

귀의삼보 하옵고,

『대방광불화엄경』의 수지 독송과 유통을 발원하면서 수미정사 불전연구원에서 『독송본 한문·한글역 대방광불화엄경』과 『사경본 한글역 대방광불화엄경』을 편찬하여 간행하게 되었습니다.

『화엄경』은 우리나라에 전래된 이래 일찍부터 사경되고 주석·강설되어 왔으며 근현대에 이르러서는 『화엄경』의 한글 번역과 연구도 부쩍 많이 이루어졌습니다. 그만큼 『화엄경』이 우리 불자님들의 신행과 해탈에 큰 의지처가 되었던 것임을 알 수 있습니다.

『화엄경』을 독송하고 사경하는 공덕은 설법 공덕과 함께 크게 강조되어 왔습니다. 그리하여 수미정사 불전연구원에서도 『화엄경』(80권)을 독송하고 사경하는 데 도움이 되도록 한문 원문과 한글역을 함께 수록한 독송본과 한글역의 사경본 『화엄경』 간행불사를 발원하였습니다. 이 『화엄경』 간행불사에 뜻을 같이하여 적극 후원해주신 스님들과 재가 불자님들께 깊이 감사드립니다. 또한 『화엄경』을 수지 독송할 수 있도록 경책의 모습으로 장엄해 주신 편집위원들과 담앤북스 출판사 관계자들께도 고마움을 표합니다.

끝으로 이 불사의 원만 회향으로 『화엄경』이 널리 유통되고, 온 법계에 부처님의 가피가 충만하시길 기원드립니다.

나무 대방광불화엄경

불기 2564년 '부처님오신날'을 봉축하며
수미해주 합장

위태천신(동진보살)

수미해주 須彌海住

호거산 운문사에서 성관 스님을 은사로 출가, 석암 대화상을 계사로 사미니계 수계, 월하 전계사를 계사로 비구니계 수계, 계룡산 동학사 전문강원 졸업, 동국대학교 불교대학 및 동 대학원 졸업, 철학박사, 가산지관 대종사에게서 전강, 동국대학교 불교대학 교수, 동학승가대학 학장 및 화엄학림 학림장, 중앙승가대학교 법인이사 역임.
(현) 수미정사 주지, 동국대학교 명예교수.
저·역서로『의상화엄사상사연구』,『화엄의 세계』,『정선 원효』,『정선 화엄 1』,『정선 지눌』,『법계도기총수록』,『해주스님의 법성게 강설』등 다수.

독송본 한문·한글역
대방광불화엄경 제40권

| 초판 1쇄 발행_ 2024년 1월 24일

| 엮은이_ 수미해주
| 엮은곳_ 수미정사 불전연구원
| 편집위원_ 해주 수정 경진 선초 정천 석도 박보람 최원섭
| 편집보_ 무이 무진 지욱 혜명

| 펴낸이_ 오세룡
| 펴낸곳_ 담앤북스
　　　　서울특별시 종로구 새문안로3길 23 경희궁의 아침 4단지 805호
　　　　대표전화 02)765-1251　전자우편 dhamenbooks@naver.com
　　　　출판등록 제300-2011-115호
| ISBN_ 979-11-6201-421-9　04220

정가 15,000원